Jörg Ringel / Ralf Hillmann

Bei Demenz:
Beschäftigung, Denksport,
Gedächtnistraining, Spaß

Begriffe raten

305 einfache Stichwort-Rätsel
Umschreibungen für Senioren mit Demenz

Demenz-Rätsel-Buch / Band 4

Bibliografische Information der Deutschen Nationalbibliothek
Die Deutsche Nationalbibliothek verzeichnet diese Publikation in der Deutschen Nationalbibliografie; detaillierte bibliografische Daten sind im Internet über https://portal.dnb.de abrufbar.

© Copyright 2022: Ringel, Jörg / Hillmann, Ralf
Herstellung und Verlag: BoD – Books on Demand, Norderstedt
Autoren: Jörg Ringel, Ralf Hillmann
Covergestaltung: Ralf Hillmann
Covermotiv: Gerd Altmann, Pixabay
ISBN: 978 3755773955

Inhaltsverzeichnis

Über dieses Buch

Liebe Leserinnen und Leser, in diesem Buch finden Sie 305 Stichwort-Rätsel, die aufgrund ihrer Einfachheit für Senioren mit Demenz geeignet sind. Dabei geht es im ersten Schritt jeweils um das Erraten von fünf umschriebenen Begriffen. Im zweiten Schritt geht es dann darum, aus sechs Begriffen jenen zu bestimmen, der nicht zu den fünf gesuchten gehört. Wir empfehlen, keine Lösungen direkt im Buch zu notieren, auf diese Weise können Sie sich mit den Rätseln immer wieder neu beschäftigen. Es reicht völlig aus, sich die Rätsel anzuschauen und die gesuchten Begriffe schließlich auszusprechen.

Je nach individueller Situation variieren die Befindlichkeiten und Kompetenzen von Menschen mit Demenz stark. Die Stichwort-Rätsel sind zwar ganz bewusst einfach gestaltet worden, sie erfordern dennoch ein gewisses Maß an kognitiven Fähigkeiten. Sie sind einerseits als Training für den Kopf zu verstehen, sollen andererseits aber auch einfach die Aufmerksamkeit von negativen Gedanken auf etwas Herausforderndes und Erheiterndes lenken.

Schrift und Rätselfelder sind entsprechend groß und übersichtlich gestaltet, damit alles gut aufgenommen werden kann.

Es grüßen herzlichst

Jörg Ringel und Ralf Hillmann

Spielanleitung
Eine Rätsel-Sequenz besteht jeweils aus zwei Buchseiten. Auf der linken Seite sind immer fünf Begriffe zu erraten, die jeweils mit drei kurzen Sätzen umschrieben werden. Auf der rechten Seite sind jeweils sechs Begriffe zu sehen. Fünf davon sind jene, die auf der linken Seite umschrieben wurden. Einer von ihnen gehört nicht zu den gesuchten Begriffen.

Erster Teil der Rätselaufgabe
Schauen Sie sich die Umschreibungen auf den jeweils linken Seiten im Buch in Ruhe an. Versuchen Sie die gesuchten Begriffe zu erraten!

Zweiter Teil der Rätselaufgabe
Schauen Sie sich die Lösungsvorschläge auf den jeweils rechten Seiten im Buch in Ruhe an. Ermitteln Sie jenen Begriff, der nicht zu den auf der linken Seite umschriebenen Suchbegriffen gehört!

Schwierigkeitsstufe 1
Wenn Sie sich mit der linken Buchseite beschäftigen, dürfen Sie für das Erraten der gesuchten Begriffe die rechte Buchseite zu Hilfe nehmen.

Schwierigkeitsstufe 2
Wenn Sie sich mit der linken Buchseite beschäftigen, dürfen Sie für das Erraten der gesuchten Begriffe die rechte Buchseite nicht zu Hilfe nehmen. Erst wenn Sie alle fünf gesuchten Begriffe benannt haben, dürfen Sie die rechte Buchseite betrachten.

Die 305 Stichwort-Rätsel

1.
Wird gerne mit Sahne gegessen
Ist eine rote Obst-Frucht
Ist beliebt als Belag für Tortenböden
2.
Lässt sich aus- und ankleiden
Ist oft aus Kunststoff oder Porzellan
Ist ein typisches Spielzeug für Mädchen
3.
Er besteht aus gefrorenem Wasser
Kinder bauen ihn im Winter
Eine Möhre dient ihm als Nase
4.
Ist ein Säugetier
Hat vier Hufe
Wiehert
5.
Man kann dort Mitglied werden
Ist meistens eine öffentliche Einrichtung
Man kann dort Bücher leihen

Begriffe 1 bis 5

	E	R	D	B	E	E	R	E	
	B								S
	I		K						C
	B		A		P				H
	L		R		U				N
	I		T		P				E
	O		O		P				E
	T		N		E				M
	H								A
	E								N
	K								N
			P	F	E	R	D		

6.
Ist ein künstlerisches Werk
Besteht aus vielen einzelnen Teilen
Bildet ein Muster oder Bild ab
7.
Ist ein Elektrogerät
Bläst warme Luft aus
Dient zum Trocknen der Haare
8.
Ist eine Sitzgelegenheit
Ist häufig ausklappbar
Dient zum Ruhen oder Schlafen
9.
Besteht aus weißen Streifen
Besteht aus grauen Streifen
Fußgänger überqueren dort die Straße
10.
Hat Wände aus Glas
Wird mit Wasser gefüllt
Fische schwimmen darin

Begriffe 6 bis 10

									L
Z			F	Ö	N				I
E									E
B					R				G
R		A			E				E
A		Q			I				S
S		U			S				T
T		A			K				U
R		R			O				H
E		I			R				L
I		U			N				
F		M							
E				M	O	S	A	I	K
N									

11.
Ist eine griechische Vorspeise
Wird aus Joghurt hergestellt
Wird mit viel Knoblauch zubereitet
12.
Ist meistens aus bräunlichem Papier
Wird mit koffeinhaltigem Pulver befüllt
Kochendes Wasser läuft hindurch
13.
Ist ein öffentliches Verkehrsmittel
Befördert oft nur ein oder zwei Personen
Bezahlt wird erst am Ende der Fahrt
14.
Es ist häufig aus Frottier
Es hängt in jedem Badezimmer
Dient zum Abtrocknen des Körpers
15.
Schale wird aufgeschlagen
Kommt aus der Schale direkt in die Pfanne
Ist flach, in der Mitte gelb und außen weiß

Begriffe 11 bis 15

S	P	I	E	G	E	L	E	I	
H	A	N	D	T	U	C	H		K
									A
							S		F
T							I		F
S							L		E
A							B		E
T							E		F
S							R		I
I		T	A	X	I				L
K									T
I									E
									R

16.
Ist sehr jung
Ist noch sehr klein
Ist ein neugeborener Mensch
17.
Ist ein Säugetier
Wälzt sich gerne im Schlamm
Grunzt
18.
Ist ein fliegendes Säugetier
Fliegt nur nachts
Orientiert sich über das Gehör
19.
Man geht dort zum Entspannen hin
Man kommt dort ziemlich ins Schwitzen
Es ist dort sehr heiß und luftfeucht
20.
Ist ein Land in Europa
Hat mehr als achtzig Millionen Einwohner
Angela Merkel war dort Bundeskanzlerin

Begriffe 16 bis 20

			S		S	A	U	N	A
			C						
D			H			R			
E			W			E		F	
U			E			G		L	
T			I			E		E	
S			N			N		D	
C						W		E	
H						U		R	
L						R		M	
A						M		A	
N								U	
D		B	A	B	Y			S	

21.
Sieht fast aus wie ein Apfel oder eine Birne
Schmeck säuerlich
Wird häufig zu Marmelade verarbeitet
22.
Ist ein Gemüse
Ist ähnlich wie Blumenkohl
Ist überwiegend grün
23.
Ist eine Südfrucht
Ist sehr saftig und säuerlich-süß
Frisch gepresst ist sie sehr beliebt
24.
Dort stehen Fahrkarten-Automaten
Dort halten viele Züge
Dort steigen Menschen ein und aus
25.
Ist wichtig für den gesunden Schlaf
Darf ruhig etwas teurer sein
Man liegt im Bett darauf

Begriffe 21 bis 25

	B	R	O	K	K	O	L	I
H		B	A	H	N	H	O	F
O								
L		M						O
Z		A						R
K		T				Q		A
O		R				U		N
H		A				I		G
L		T				T		E
E		Z				T		
		E				E		

26.
Ist ein großer Raubvogel
Ist auch ein Wappentier
Ist noch größer als ein Bussard
27.
Dort sind viele Ärzte
Dort kommen verletzte Menschen hin
Dort wird man gesundgepflegt
28.
Ist ein elektrisches Haushaltsgerät
Benötigt Wasser
Macht Wäsche wieder sauber
29.
Fällt im Herbst von den Bäumen
Sitzt in einer grünen stacheligen Schale
Ist braun und dient Tieren als Winterfutter
30.
Dort arbeiten tierliebe Menschen
Dort sollten Tiere nicht lange bleiben
Dort gibt es herrenlose Haustiere

Begriffe 26 bis 30

T	I	E	R	H	E	I	M		W
									A
K			K						S
R			A			P			C
A			S			A			H
N			T			P			M
K			A			I			A
E			N			E			S
N			I			R			C
H			E						H
A									I
U			A	D	L	E	R		N
S									E

31.
Ist ein Gebäude mit vielen Zimmern
Dort übernachten viele Menschen
Man zahlt dort pro Übernachtung
32.
Ist etwas zu essen
Wird besonders gerne im Winter gegessen
Muss man mit einem Löffel essen
33.
Ist aus einer grünen, langen Gemüsefrucht
Wird roh verarbeitet und kalt gegessen
Wird gern mit einem Dilldressing serviert
34.
Ist ein besonderer Tag im Jahr
In der Nacht kann es sehr laut werden
Am Tag danach fängt ein neues Jahr an
35.
Ist eine Amphibie
Hat lange, kräftige Hinterbeine
Kann quaken und weit springen

Begriffe 31 bis 35

S	I	L	V	E	S	T	E	R	
	G				S	U	P	P	E
	U		F						
	R		R		E				
	K		O		I				
	E		S		S				
	N		C		E				
	S		H		N				
	A								
	L								
	A			H	O	T	E	L	
	T								

36.
Gibt es mit und ohne Motor
Fährt über das Wasser
Transportiert Menschen oder Güter
37.
Ist eine grazile Sportart
Ist eine Art Show zu Begleitmusik
Findet auf dem Eis statt
38.
Ist ein Kleidungsstück
Ist typisch für Frauen
Gibt es in kurz oder lang
39.
Ist eine Gruppe von Menschen
Hat mit Musik zu tun
Alle Gruppenmitglieder singen gemeinsam
40.
Ist eine Obst-Frucht
Schimmert meist dunkelblau
Ähnelt stark einer Zwetschge

Begriffe 36 bis 40

									E
									I
		S	C	H	I	F	F		S
									K
	C	H	O	R			P		U
							F		N
							L		S
P	U	D	E	L			A		T
							U		L
							M		A
							E		U
									F
	R	O	C	K					E
									N

41.
Ist ein nützliches Insekt
Fliegt von Blüte zu Blüte
Sammelt Nektar und produziert Honig
42.
Ist ein Fahrzeug
Hat oft einen lauten Motor
Hat zwei Räder
43.
Dient oft als zusätzliche Sitzgelegenheit
Kann platzsparend weggeräumt werden
Wird oft bei Festen und Feiern benötigt
44.
Knistert, wärmt und leuchtet im Dunkeln
Man sitzt mit anderen gern drumherum
Man benötigt dazu Holz oder Kohle
45.
Man kann darin leben
Besonders wichtig im Campingurlaub
Lässt sich an ein Auto anhängen

Begriffe 41 bis 45

		M							L
K		O			B				A
L		T			A				G
A		O			L				E
P		R			K				R
P		R			O				F
S		A			N				E
T		D							U
U									E
H									R
L		B	I	E	N	E			
W	O	H	N	W	A	G	E	N	

46.
Ist meist eine sehr kleine Verkaufsstätte
Ist oft ein Häuschen oder eine Bude
Dort gibt es Zeitungen, Getränke, Süßes
47.
Schützt Hände vor Hitze oder Verbrennung
Gibt es in jeder Küche
Gibt es aus Stoff oder Silikon
48.
Steht auf fast jedem Kinderspielplatz
Hat etwas mit Balance zu tun
Zwei bewegen sich dabei auf und ab
49.
Ist ein sehr beliebtes Kinderspielzeug
Ist ideal zum Liebhaben und Schmusen
Vorbild ist ein großes, pelziges Raubtier
50.
Ist ein schnelles Säugetier
Kann blitz schnell Haken schlagen
Hat lange Ohren

Begriffe 46 bis 50

									W
	T	E	D	D	Y				I
									P
		H							P
		A							E
		S							
		E							
					K	I	O	S	K
T	O	P	F	L	A	P	P	E	N
	M	A	R	M	O	R			

51.
Ist ein zartes, grünes Blattgemüse
Wird oft stark zerkleinert und gekocht
Gewürzt mit Salz, Pfeffer, Zwiebel, Sahne

52.
Dort will man eigentlich nicht sein
Ist eine Einrichtung für Gesetzesbrecher
Man verbüßt dort eine Strafe

53.
Schützen vor Nässe, Kälte und Verletzung
Frauen haben oft sehr viele davon
Wird an den Füßen getragen

54.
Ist mehr als nur ein Zimmer
Dort wohnt man im Urlaub
Ist ein ganzes Gebäude

55.
Ist ein Land
Erstreckt sich über Europa und Asien
Moskau befindet sich in diesem Land

Begriffe 51 bis 55

		S	P	I	N	A	T		
									F
	S			R					E
	C			U			A		R
	H			S			L		I
	U			S			L		E
	H			L			G		N
	E			A			Ä		H
				N			U		A
				D					U
									S
G	E	F	Ä	N	G	N	I	S	

56.
Dort kann man sich mit anderen treffen
Dort wird heiße, rhythmische Musik gespielt
Dort tanzt jeder seinen eigenen, freien Stil
57.
Ist ein kleines Knollengemüse
Ist innen weiß und außen rot
Kann recht scharf schmecken
58.
Ist ein Bauwerk
Ist zu Fuß oder zu Gefährt zu überqueren
Führt über Flüsse oder Schluchten hinweg
59.
Ist eine edle Blume
Es gibt viele verschiedene Arten und Sorten
Erfordert besondere Kenntnis und Pflege
60.
Wird mit warmem Wasser angefüllt
Man kann sich hineinsetzen oder legen
Steigt man aus, ist man frisch und sauber

Begriffe 56 bis 60

B								
A								
D			D	I	S	C	O	
E								
W		B	R	Ü	C	K	E	
A								
N			H	E	L	M		
N								
E								
	O	R	C	H	I	D	E	E
R	A	D	I	E	S	C	H	E	N

61.
Ist ein großes Raubtier
Weibliche Exemplare gehen auf die Jagd
Männliche Exemplare haben eine Mähne
62.
Ist ein würziges Gemüse
Ist roh, gekocht und gebraten verwendbar
Treibt beim Schneiden Tränen in die Augen
63.
Hat man in der Küche
Befindet sich über dem Herd
Saugt Gerüche und Kochdampf ein
64.
Ist ein Gerät im Haushalt
Nicht jeder stellt sich gerne drauf
Dient zum Messen von Gewicht
65.
Ist ein beliebtes Haustier
Kann schnurren und kratzen
Macht miau

				K	A	T	Z	E	
A									
B		W							
Z		A		M	A	R	D	E	R
U		A							
G		G							
S		E						Z	
H								W	
A								I	
U								E	
B								B	
E								E	
		L	Ö	W	E			L	

66.
Ist ein großes Raubtier
Ist eine große Katze
Hat orange und schwarze Streifen
67.
Ist ein Luftfahrzeug
Kann senkrecht starten und landen
Hat einen Propeller
68.
Darauf sitzt man hintereinander
Ist ein Fahrradtyp
Fährt man zu zweit
69.
Ist ein edles Metall
Schmuck wird gern daraus hergestellt
Ist auch als Barren erhältlich
70.
Ist ein Luftfahrzeug ohne Motor
Wird an einem Seil hoch in die Luft gezogen
Gleitet ohne Antrieb durch die Luft

								S
	H							E
	U		G	O	L	D		G
	B							E
	S		T			R		L
	C		A			O		F
	H		N			M		L
	R		D					U
	A		E					G
	U		M					Z
	B							E
	E		T	I	G	E	R	U
	R							G

71.
Ist ein europäisches Land
Dort wird gern Rotwein getrunken
Paris befindet sich dort
72.
Es ist eine Sitzgelegenheit
Man macht es sich darin gemütlich
Man kann darin hin und her schwingen
73.
Ist ein großes Tier
Hat große Ohren
Hat einen langen Rüssel
74.
Ist ein Hilfsmittel für Gehbehinderte
Hat Rollen
Man bewegt sich sitzend darin fort
75.
Tritt im Zirkus auf
Bringt die Leute zum Lachen
Hat oft ein bunt bemaltes Gesicht

Begriffe 71 bis 75

				W		R			
		E		A		O			S
		L		S		L			C
F		E		S		L			H
R		F		E		S			A
A		A		R		T			U
N		N		B		U			K
K		T		E		H			E
R				T		L			L
E				T					S
I									T
C		C	L	O	W	N			U
H									H
									L

37

76.
Ist ein Wasservogel
Schwimmt sehr schnell unter Wasser
Ist schwarz-weiß und kann nicht fliegen
77.
Findet man in jeder Küche
Ist in der Regel aus silbrigem Metall
Hält man beim Essen in den Händen
78.
Ist durchsichtig
Ist ein natürliches Getränk
Kann still oder sprudelnd sein
79.
Ist ein sehr beliebtes knackiges Obst
Lässt sich auch zu Mus verarbeiten
Sehr bekannt sind Granny Smith + Boskoop
80.
Findet man in jeder Küche
Man stellt Lebensmittel hinein
Es ist kalt darin

		A	P	F	E	L			M
K									I
Ü				V			P		N
H				I			I		E
L				O			N		R
S				L			G		A
C		B		E			U		L
H		E		T			I		W
R		S		T			N		A
A		T							S
N		E							S
K		C							E
		K							R

81.
Ist ein Kleidungsstück
Ist etwas Kleines
Darüber trägt man Hose oder Rock
82.
Es ist ein Gebäude
Dort wird gebetet
Dort finden Gottesdienste statt
83.
Ist eine Art Kiste
Möbelstück mit aufklappbarem Deckel
Dient häufig zur Aufbewahrung von Dingen
84.
Ist meist aus Papier
Oft sind schöne Motive darauf abgebildet
Übersicht über alle Tage eines Jahres
85.
Ist ein heißes Getränk
Gibt es in Beuteln oder lose
Muss man aufbrühen und ziehen lassen

Begriffe 81 bis 85

P				K	I	R	C	H	E
O		U							
S		N						K	
T		T						A	
K		E						L	
A		R						E	
R		H						N	
T		O						D	
E		S						E	
		E						R	
				T	R	U	H	E	
T	E	E							

86.
Ist ein niedliches kleines Nagetier
Ist bei Kindern beliebt
Verschafft sich in einem Laufrad Bewegung
87.
Hat eine glatte Oberfläche
Vergrößert Räume optisch
Blickt man hinein, sieht man sich selbst
88.
Ist ein Möbelstück
Hat man oft im Eingangsbereich
Man hängt Kleidung daran
89.
Es ist ein Möbelstück
Man bewahrt Dinge darin auf
Ist oft aus Holz und hat Türen
90.
Ist ein Fahrzeug
Fährt dorthin, wo es brennt
Löscht Brände

F								
E			S	C	H	R	A	N	K
U								
E		S			F			G
R		P			I			A
W		I			N			R
E		E			K			D
H		G						E
R		E						R
A		L						O
U								B
T								E
O								
		H	A	M	S	T	E	R

91.
Besteht meist aus rohen Pflanzenteilen
Wird kleingeschnitten
Wird mit einem Dressing serviert
92.
Ist ein putziges Nagetier
Hat meist rötlich-braunes Fell
Springt von Baum zu Baum
93.
Ist ein elektronisches Gerät
Man kann es laut und leise stellen
Dient zum Hören von Musik + Nachrichten
94.
Ist oft aus Glas oder Porzellan
Man füllt Wasser hinein
Man arrangiert Blumen darin
95.
Davon hätte jeder am liebsten sehr viel
Besteht aus Papier oder Metall
Ist im Portemonnaie oder auf dem Konto

Begriffe 91 bis 95

									E
	R	A	D	I	O				I
						S			C
						C			H
						H			H
						A			Ö
	G	E	L	D		U			R
						M			N
									C
	S	A	L	A	T				H
									E
									N
B	L	U	M	E	N	V	A	S	E

96.
Hat vier Räder
Man fährt damit auf der Straße
Fängt mit A an und hört mit O auf
97.
Gehört zu den Hülsenfrüchten
Werden in der Regel als Suppe gekocht
Sind nicht so groß wie Bohnen oder Erbsen
98.
Ist eine Süd-Frucht
Ist knall-gelb
Ist sehr sauer
99.
Ist meist schön weich
Hat man im Bett oder auf dem Sofa
Man legt den Kopf darauf
100.
Davon gibt es verschiedene Arten
Ist das größte Säugetier der Meere
Ist bekannt für seine Gesänge unter Wasser

Begriffe 96 bis 100

			L						
			I		W	A	L		Z
			N						I
			S						T
			E						R
	K		N						O
	I								N
	S								E
	S		L	O	T	T	O		
	E								
	N								
			A	U	T	O			

101.
Ist ein großes Einzelhandelsgeschäft
Dort gibt es Waren jeglicher Art
Hat oft sogar mehrere Etagen
102.
Ist ein Möbelstück
Ist sowas wie eine Platte auf vier Beinen
Meistens stehen Stühle daran
103.
Ist sehr klein
Kommen in einigen Märchen vor
Schneewittchen kannte sieben davon
104.
Ist eine Handarbeit
Ist Maschenbildung aus Garnen
Zwei bis fünf Nadeln braucht man dazu
105.
Hat einen Griff
Wird mit Wasser aufgefüllt
Wird zum Wässern von Pflanzen gebraucht

Begriffe 101 bis 105

G	I	E	S	S	K	A	N	N	E
S	T	R	I	C	K	E	N		
S	C	H	L	A	G	E	R		Z
									W
									E
		T	I	S	C	H			R
									G
	K	A	U	F	H	A	U	S	

49

106.
Sollte man bereits in jungen Jahren lernen
Man tut es im Wasser
Fische können es von Natur aus
107.
Ist eine schöne Frühjahrsblume
Treiben aus Blumenzwiebeln aus
Viele Sorten werden in Holland gezüchtet
108.
Ist ein Elektrogerät
Steht in fast jeder Küche
Wird nur zum Wasser erhitzen verwendet
109.
Ist eine Hülsenfrucht
Wachsen in grünen Schoten heran
Ist weder Linse noch Bohne
110.
Ist eine wunderschöne Blume
Duftet häufig sehr gut
Hat spitze Dornen

Begriffe 106 bis 110

				R	O	S	E		
	W								
	A		E						S
	S		R			K			C
	S		B			I			H
	E		S			N			W
	R		E			O			I
	K		N			F			M
	O					I			M
	C					L			E
	H					M			N
	E								
	R			T	U	L	P	E	

111.
Ist eine Form von Urlaub
Ist eher nicht so teuer
Übernachtung in Zelten oder Wohnwagen
112.
Ist ein Küchenutensil
Darin wird etwas gebraten
Ist flach und hat meist einen langen Griff
113.
Ist ein großes Raubtier
Hat einen dichten Pelz
Viele Arten halten Winterschlaf
114.
Ist eine sehr große, saftreiche Frucht
Ist in verschiedenen Sorten erhältlich
Auch halbiert oder geviertelt erhältlich
115.
Ist ein Ladengeschäft
Dort arbeitet nur Fachpersonal
Dort bekommt man Medikamente

Begriffe 111 bis 115

				P				A	
	P			F				P	
	F			E				O	
	A			F				T	
	N			F				H	
	N			E				E	
	E			R				K	
								E	
				B	Ä	R			
M	E	L	O	N	E				
		C	A	M	P	I	N	G	

116.
Ist eine sehr große Gemüse-Frucht
Wird häufig zu Creme-Suppe verarbeitet
Zu Halloween schnitzt man Fratzen hinein
117.
Ist ein alkoholisches Getränk aus Trauben
Gibt es auch in Rot und in Rosé
Ist die helle Variante
118.
Ist eine Frucht
Gibt es in Süß und in Sauer
Sind meist rot und wachsen an Bäumen
119.
Dort hat man Spaß an der Bewegung
Dort geht man zum Schwimmen hin
Ist meist nur im Sommer geöffnet
120.
Ist ein heißes Getränk
Wird häufig mit Milch und Zucker getrunken
Ist schwarz und enthält Koffein

Begriffe 116 bis 120

			K					
	K		A				W	
	I		F		S		E	
	R		F		Y		I	
	S		E		L		S	
	C		E		T		S	
	H						W	
	E						E	
							I	
							N	
F	R	E	I	B	A	D		
	K	Ü	R	B	I	S		

121.
Ist ein Vogel
Sieht man häufig in den Innenstädten
Die weiße Art gilt als Symbol für Frieden
122.
Hat viele scharfe Zähne
Ist ein gefährlicher Raubfisch
Ist oft in beängstigenden Filmen zu sehen
123.
Spendet Licht
Spendet Wärme
Ist tagsüber am Himmel zu sehen
124.
Ist ein Raum
Hat nicht jeder
Dort lässt man Besuch übernachten
125.
Ist ein Möbelstück
Davor steht ein Stuhl
Man sitzt daran und arbeitet

Begriffe 121 bis 125

S								
C		H						
H		A		U				G
R		I		H				Ä
E				R				S
I				Z		T		T
B				E		A		E
T				I		U		Z
I				T		B		I
S						E		M
C								M
H								E
		S	O	N	N	E		R

126.
Ist ein Tier
Hat Schuppen und Flossen
Schwimmt im Wasser
127.
Wird aus Weißkohl gemacht
Wird kleingeraspelt
Ist milchsauer vergoren
128.
Ist ein Meeressäugetier
Ist sehr intelligent und verspielt
Der bekannteste heißt Flipper
129.
Ist ein Gemüse
Schmeckt nach Zwiebeln
Ist auch als Porree bekannt
130.
Es hängt häufig an der Wand
Dort kommen Bilder hinein
Umsäumt ein Gemälde

Begriffe 126 bis 130

S									
A			D						B
U			E			L			I
E			L			A			L
R			F			U			D
K			I			C			E
R			N			H			R
A									R
U									A
T									H
		H	A	G	E	L			M
									E
									N
F	I	S	C	H					

131.
Ist meistens ein immergrünes Gehölz
Ist meistens etwas stachelig
Ist kein Laubbaum
132.
Ist ein Ladengeschäft
Dort gibt es täglich frische Backwaren
Hat auch Torten und süße Stückchen
133.
Gehört zum Ess-Besteck
Ist oft aus silbrigem Metall
Dient zum Essen von Suppe
134.
Ist ein Freizeitziel
Dort gehen Kinder besonders gerne hin
Es gibt dort viele Tiere zu sehen
135.
Ist häufig aus Sand
Wellen kommen dort an
Das Meer endet dort

Begriffe 131 bis 135

K	O	N	D	I	T	O	R	E	I
	Z	O	O				L	
							Ö	
							F	
B	A	C	H				F	
							E	
							L	
	S	T	R	A	N	D		
N	A	D	E	L	B	A	U	M

136.
Ist eine Mischung aus Gelb und Blau
Ist die häufigste Farbe von Pflanzen
Bei der Ampel ist diese Farbe unten
137.
Ist Lebensraum für viele Tiere und Pflanzen
Torf bildet sich dort
Ist ein Feuchtgebiet
138.
Ist ein ärztlicher Beruf
Erfordert sehr breitgefächertes Fachwissen
Dort geht man mit kranken Tieren hin
139.
Ist eine kleine, blaue Frucht
Wächst an kleinen Sträuchern
Färbt Mund und Zähne blau
140.
Ist ein elektrisches Haushaltsgerät
Steht in der Küche
Dient zum Säubern von Geschirr

								S	
H					S			P	
E					C			Ü	
I		M			H			L	
D		O			L			M	
E		O			A			A	
L		R			U			S	
B					C			C	
E					H			H	
E								I	
R								N	
E			G	R	Ü	N		E	
	T	I	E	R	A	R	Z	T	

141.
Ist ein großes Tier
Ist kein Raubtier
Hat einen sehr langen Hals
142.
Ist eine Wasserpflanze
Blätter und Blüten treiben auf dem Wasser
Blühen in vielen verschiedenen Farben
143.
Ist ähnlich wie ein gepflegter Garten
Dort ist es häufig still und friedlich
Dort finden Beerdigungen statt
144.
Gibt es in jedem Haushalt
Ist ein Schneidwerkzeug
Man schneidet damit z.B. Papier
145.
Bei Schnee sieht man Kinder damit
Man setzt sich drauf
Gleitet durch den Schnee

Begriffe 141 bis 145

				S			F	
	S			C		M	R	
	E			H		A	I	
	E			L		S	E	
	R			I		K	D	
	O			T		E	H	
	S			T			O	
	E			E			F	
				N				
		S	C	H	E	R	E	
	G	I	R	A	F	F	E	

146.
Steht auf fast jedem Kinderspielplatz
Darauf setzt man sich
Damit schwingt man hin und her
147.
Das gibt es in fast jedem Haushalt
Darauf legt man faltige Wäsche
Darauf glättet man Wäsche
148.
Ist ein Vogel mit krummem Schnabel
Ist meistens ziemlich bunt
Kann sogar sprechen lernen
149.
Ist eine Lehrstätte
Dort geht man während der Ausbildung hin
Es gibt dort auch Zeugnisse
150.
Ist ein Haushaltsgerät oder auch eine Waffe
Ist sehr scharf
Dient zum Schneiden

Begriffe 146 bis 150

	B			M	E	S	S	E	R
	E								
	R			P					B
	U			A		S			Ü
	F		S	P		C			G
	S		C	A		H			E
	S		H	G		R			L
	C		A	E		A			B
	H		U	I		U			R
	U		K			B			E
	L		E			E			T
	E		L						T

151.
Ist ein künstlerisches Werk
Wird mit wässriger Farbe gemalt
Meist fließen die Farben dabei ineinander
152.
War früher ein häufiges Fuhrwerk
Sieht man heute nicht mehr oft
Pferde spannt man davor
153.
Ist ein Beruf
Er steuert ein öffentliches Verkehrsmittel
Das Verkehrsmittel fährt auf der Straße
154.
Dient der Freizeitgestaltung
Dort ist die Leinwand riesengroß
Dort werden Filme gezeigt
155.
Wird in jeder Küche gebraucht
Ist ein Gefäß, in dem man etwas erhitzt
Darin bereitet man z.B. Suppe zu

Begriffe 151 bis 155

							K		
K			K				O		
U			A				C		
T			P				H		
S			P				T		
C			E				O		
H							P		
E							F		
B	U	S	F	A	H	R	E	R	
	A	Q	U	A	R	E	L	L	
		K	I	N	O				

156.
Ist ein beliebtes Haustier
Gilt als bester Freund des Menschen
Wedelt gerne mit dem Schwanz
157.
Ist eine rhythmische Betätigung
Dazu braucht man Musik
Ist ein Ausdruck von Lebensfreude
158.
Dort hat man Spaß an der Bewegung
Dort geht man zum Schwimmen hin
Ist häufig nur im Winter geöffnet
159.
Ist eine sehr hohe Sommerblume
Hat große gelbe Blüten
Es wird auch Pflanzenöl daraus hergestellt
160.
Dort geht man gerne hin
Dort wählt man Essen aus der Speisekarte
Dort bezahlt man nach dem Essen

Begriffe 156 bis 160

	G		S						S
	A		C				T		O
	S		H				A		N
	T		N				N		N
	S		A				Z		E
	T		L				E		N
	Ä		L				N		B
	T		E						L
	T								U
	E		H	U	N	D			M
									E
H	A	L	L	E	N	B	A	D	

161.
Ist eine größere Schar Tiere
Die Schar dient der Gewinnung von Wolle
Wird häufig von Hütehunden beschützt
162.
Das bremst den freien Fall
Damit gleitet man durch die Luft
Ist beim Absprung aus Flugzeug wichtig
163.
Schale wird aufgeschlagen
Inhalt wird gewürzt und vermengt
Wird in eine heiße Pfanne gegeben
164.
Darauf sitzt man
Darauf gibt es Platz für mehrere Personen
Häufig als Zwei- oder Dreisitzer erhältlich
165.
Ist ein europäisches Land
Grenzt auch an Deutschland
Dort liegt Warschau

Begriffe 161 bis 165

S	C	H	A	F	H	E	R	D	E
								P	
	S	O	F	A				O	
								L	
								E	
	H	E	C	K	E			N	
R	Ü	H	R	E	I				
F	A	L	L	S	C	H	I	R	M

166.
Ist eine Frucht und wächst auf Bäumen
Ist ähnlich wie ein Apfel, nur länglicher
Eine bekannte Sorte heißt Williams Christ
167.
Das braucht jeder Schneider
Wurde früher per Fuß angetrieben
Ist heutzutage elektrisch
168.
Das steht in jeder Küche
Wird mit Gas oder Strom betrieben
Darin wird es sehr heiß
169.
Ist kegelförmig
Sieht man häufig im Winter
Entsteht aus gefrierenden Wassertropfen
170.
Ist eine Gemüse-Frucht
Sieht fast aus wie eine Salatgurke
Wird in der Regel nicht roh gegessen

Begriffe 166 bis 170

					B				E
		N			A				I
		Ä			C				S
		H			K				Z
		M			O				A
		A			F				P
		S			E				F
		C			N				E
		H							N
		I		K	O	R	K		
		N							
		E			B	I	R	N	E
Z	U	C	C	H	I	N	I		

171.
Das braucht man für jeden Urlaub
Wird mit Kleidung und Dingen bepackt
Gibt es in allen Größen und auch mit Rollen
172.
Ist ein schöner Gefühlszustand
Das beflügelt jeden
Ist mehr als nur eine Schwärmerei
173.
Ist ein Gegenstand zur Körperpflege
Wer Glatze trägt, braucht es nicht
Damit bringt man die Haare in Ordnung
174.
Ermöglicht Kommunikation aus der Ferne
Gibt es in jedem Haushalt
Jedes hat eine eigene Rufnummer
175.
Hat etwas mit Best-Platzierung zu tun
Meistens geht es dabei um populäre Musik
Dort werden die beliebtesten Songs gespielt

Begriffe 171 bis 175

	V								
	E			K	O	F	F	E	R
	R								
	L		J	O	K	E	R		
	I								
	E								
	B		T	E	L	E	F	O	N
	T								
	H								
	E								
	I		K	A	M	M			
	T								
H	I	T	P	A	R	A	D	E	

176.
Ist eine eher kleine Frucht
Wächst an dornigen Sträuchern
Ist mit der Johannisbeere verwandt
177.
Das steht oft vor einer Couch
Man kann etwas darauf abstellen
Ist durchsichtig
178.
Fährt auf dem Wasser
Hat keinen Motor
Wird vom Wind angetrieben
179.
Ist wie eine Art Buch
Man sammelt darin etwas
Man fügt Bilder hinein
180.
Ist ein kreisförmiger Tonträger
Hat eine A- und eine B-Seite
Wird aus Vinyl hergestellt

Begriffe 176 bis 180

		G					S	
S		L				S	T	
C		A		F		E	A	
H		S		O		G	C	
A		T		T		E	H	
L		I		O		L	E	
L		S		A		B	L	
P		C		L		O	B	
L		H		B		O	E	
A				U		T	E	
T				M			R	
T							E	
E								
		M	U	R	M	E	L	

181.
Das trägt man im Gesicht
Ist aus einem Gestell und zwei Gläsern
Damit sieht man besser
182.
Ist eine weiterführende Bildungsstätte
Umfasst die Klassen 5 bis 10
Wird mit der Mittleren Reife abgeschlossen
183.
Ist ein Haushaltsgerät
Wird heiß und gibt es auch mit Dampf
Damit glättet man Wäsche
184.
Ist eine Gemüsefrucht
Gibt es in Grün, Gelb und Rot
Verzehrt man roh, gekocht oder gebraten
185.
Ist ein Gebrauchsgegenstand
Hat einen langen Stiel
Dient zum Zusammenkehren

Begriffe 181 bis 185

P	A	P	R	I	K	A			
								R	
	B			B				E	
	E			L		B		A	
	S			E		R		L	
	E			I		I		S	
	N			S		L		C	
				T		L		H	
				I		E		U	
				F				L	
				T				E	
B	Ü	G	E	L	E	I	S	E	N

186.
Ist ein elektrisches Haushaltsgerät
Dient zum Erwärmen, Garen und Kochen
Speisen werden darin blitzschnell heiß
187.
Sind schon recht alt
Je älter, desto wertvoller sind sie
Sind Möbel und andere Sachen
188.
Kann man an jedem Kiosk kaufen
Ist aus bedrucktem Papier
Enthält TV-Programm-Übersichten
189.
Ist eine Frucht
Wird oft in sonniger Hanglage angebaut
Gibt es mit Kernen und kernlos
190.
Ist eine öffentliche oder private Einrichtung
Dient unter anderem der frühen Bildung
Dient der Betreuung vor dem Schuleintritt

Begriffe 186 bis 190

K				W	A			F
I		M		E	N			E
N		I		I	T			R
D		K		N	I			N
E		R		T	Q			S
R		O		R	U			E
G		W		A	I			H
A		E		U	T			Z
R		L		B	Ä			E
T		L		E	T			I
E		E			E			T
N					N			U
								N
S	I	T	Z	B	A	N	K	G

191.
Ist eine überwiegend grüne Fläche
Dort wachsen viele Gräser und Wildpflanzen
Ist eine Fläche aus Gras und bunten Blüten
192.
Ist ein Beruf
Wird häufig auch als Hobby betrieben
Hat mit Bienen und Honig zu tun
193.
Wird mit Batterien betrieben
Damit kann man leuchten
Ist eine Leuchte zum Mitnehmen
194.
Ist ein Werkzeug
Hat häufig einen Griff aus Holz
Damit schlägt man Nägel in die Wand
195.
Ist ein europäisches Land
Dort isst man gerne Paella oder Tortilla
Dort liegt Barcelona

Begriffe 191 bis 195

T		M	A	R	S				
A								B	
S		H						L	
C		A						U	
H		M			S			M	
E		M			P			E	
N		E			A			N	
L		R			N			W	
A					I			I	
M					E			E	
P					N			S	
E								E	
		I	M	K	E	R			

196.
Ist eine kleine Blume
Wächst in jedem Rasen
Hat kleine, weiße Blütenblätter
197.
Tritt in allen Farben in Erscheinung
Ist am Himmel zu sehen
Tritt auf, wenn Sonne auf Regen folgt
198.
Ist ein Huftier
Ist ähnlich wie ein Pony
Ist oft recht störrisch
199.
Ist ein kleiner, hübscher Singvogel
Insgesamt eher unscheinbar
Von Schnabel bis Brust orange-rot gefärbt
200.
Ist sehr heiß
Kann sich blitzschnell ausbreiten
Besteht aus Flammen

Begriffe 196 bis 200

										G
	R							R		Ä
	E							O		N
	G		F					T		S
	E		E					K		E
	N		U					E		B
	B		E					H		L
	O		R					L		Ü
	G							C		M
	E		T	O	R			H		C
	N							E		H
								N		E
		E	S	E	L					N

87

201.
Ist ein Fahrzeug
Kann mit Blaulichtsirene fahren
Kriminalbeamte fahren darin
202.
Dort hält man sich im Sommer gerne auf
Man sitzt dort zu Hause im Freien
Ist eine Plattform vor der Wohnung
203.
Ist ein großer afrikanischer Dickhäuter
Ist vom Aussterben bedroht
Trägt eine gefährliche Waffe über dem Maul
204.
Gibt es überwiegend in hohen Gebäuden
Funktioniert elektrisch
Bringt Menschen von Etage zu Etage
205.
Ist ein alkoholfreies Erfrischungsgetränk
Hat in der Regel fruchtigen Geschmack
Sprudelt angenehm erfrischend

Begriffe 201 bis 205

	T	E	R	R	A	S	S	E	
P							F		
O				G			A		
L		L		I			H		
I		I		T			R		
Z		M		T			S		
E		O		E			T		
I		N		R			U		
A		A					H		
U		D					L		
T		E							
O									
			N	A	S	H	O	R	N

206.
Ist aus wasserabweisendem Stoff
Ist tragbar und meist schnell aufzubauen
Darin kann man im Freien übernachten
207.
Ist ein Musikinstrument
Wird auch Flügel genannt
Frédéric Chopin spielte es
208.
Gibt es in jedem Haushalt
Muss ab und zu geleert werden
Dort kommen Abfälle hinein
209.
Ist ein Wurzelgemüse
Sind meistens orange
In Gläsern und Dosen mit Erbsen erhältlich
210.
Ist Teil des Tisch-Gedecks
Wird aus Keramik hergestellt
Speisen serviert man darauf

Begriffe 206 bis 210

	M	Ü	L	L	E	I	M	E	R
K	A	R	O	T	T	E			
S					K				
T					L				
R					A		T		
O					V		E		
H					I		L		
H					E		L		
U					R		E		
T							R		
		Z	E	L	T				

211.
Ist ein europäisches Land
Bekannt für Tulpenfelder und Käsesorten
Bekannt für Radwege und Windmühlen
212.
Ist ein schwarz-weißer Vogel
Hat einen langen roten Schnabel
Klappert mit dem Schnabel bei der Balz
213.
Ist ein großer Zusammenschluss von Tieren
Dieser Zusammenschluss lebt im Wasser
Das einzelne Individuum atmet mit Kiemen
214.
Öffentliches Personen-Nahverkehrsmittel
Fährt oberirdisch auf Schienen
Fährt im Stadtverkehr
215.
Viele Urlauber verreisen von dort aus
Luftverkehrsfahrzeuge starten dort
Luftverkehrsfahrzeuge landen dort

Begriffe 211 bis 215

		S						F	
F		T						L	
I		R			L			U	
S		A			E			G	
C		S			N			H	
H		S			K			A	
S		E			R			F	
C		N			A			E	
H		B			D			N	
W		A							
A		H	S	T	O	R	C	H	
R		N							
M									
			H	O	L	L	A	N	D

216.
Ist ein europäisches Land
Ist bekannt für seine Uhren und Schokolade
Zürich liegt dort
217.
Ist ein großes gefährliches Raubtier
Aus Klimagründen vom Aussterben bedroht
Hat einen weißen Pelz
218.
Kann man aufklappen
Kann man über sich halten
Ist bei Regen sehr nützlich
219.
Öffentliches Personen-Nahverkehrsmittel
Fährt nicht auf Schienen
Fährt häufig im Stadtverkehr
220.
Gibt es in der Regel in großen Innenstädten
Dort stellt man das Auto eine Zeit lang ab
Dort zahlt man Gebühren

Begriffe 216 bis 220

									R
		E	I	S	B	Ä	R		E
S									G
C									E
H		S	T	E	I	N			N
W									S
E									C
I									H
Z									I
			B	U	S				R
									M
	P	A	R	K	H	A	U	S	

221.
Ist eine Obst-Frucht
Hat eine gelbe Schale
Ist länglich und krumm
222.
Ist ein weitverbreitetes kleines Nagetier
Gibt es in Wald, Feld, Wiese und Haus
Ähnlich wie eine Ratte, aber kleiner
223.
Ist ein Säugetier
Es gibt große und kleine Arten
Ist mit den Menschen verwandt
224.
Ist ein Fahrzeug
Kann mit Blaulicht und Signalhorn fahren
Bringt Verletzte in eine Klinik
225.
Ist auch eine Uhr
Benutzt man, um nicht zu verschlafen
Zur eingestellten Zeit erklingt ein Signalton

Begriffe 221 bis 225

					M		A		
		K			O		F		
		R			R		F		
		A		W	G		E		
		N		E	E				
		K		C	N				
		E		K	T				
		N		E	A				
		W		R	U				
		A							
		G							
		E		B	A	N	A	N	E
		N							
					M	A	U	S	

226.
Ereignet sich gleich nach Ende der Nacht
Jeder neue Tag beginnt damit
Es wird langsam heller dabei
227.
Ist eine Gemüse-Frucht
Ist sonnengereift und meistens rot
Schmeckt mit Mozzarella und Basilikum gut
228.
Ist ein europäisches Land
Hat eine lange Mittelmeerküste
Rom liegt dort
229.
Ist Teil des Tisch-Gedecks
Ist meist aus Keramik
Man trinkt z.B. Tee oder Kaffee daraus
230.
Ist eine weiterführende Bildungsstätte
Dort erwirbt man die Studierfähigkeit
Dort wird mit dem Abitur abgeschlossen

Begriffe 226 bis 230

	S			T	A	S	S	E	
	O								
	N			R	U	T	E		
	N		G						
	E		Y		T			I	
	N		M		O			T	
	A		N		M			A	
	U		A		A			L	
	F		S		T			I	
	G		I		E			E	
	A		U					N	
	N		M						
	G								

231.
Ist ein Freizeitsport
Dazu braucht es Schnee in den Bergen
Dabei gleitet man stehend über den Schnee
232.
Ist ein Getränk
Davon gibt es viele Arten
Ist aus Obst gemacht
233.
Ist ein Reptil
Bewegt sich recht langsam fort
Hat einen Panzer
234.
Ist ein Greifvogel
Fliegt meistens nur nachts
Hat große Augen
235.
Ist ein alkoholisches Getränk aus Trauben
Gibt es auch in Weiß (hell) und Rosé
Ist die dunkle Variante

Begriffe 231 bis 235

H				E	U	L	E		
U		S							
T		C		R			F		
A		H		O			R		
B		I		T			U		S
L		L		W			C		K
A		D		E			H		I
G		K		I			T		F
E		R		N			S		A
		Ö					A		H
		T					F		R
		E					T		E
									N

236.
Ist ein Gegenstand in der Küche
Ist eine Walze mit zwei Griffen
Braucht man zum Teigausrollen
237.
Ist der Name eines Monats
Drei Monate danach ist April
Zwei Monate davor ist November
238.
Ist ein beliebtes Getränk
Enthält Alkohol und schmeckt leicht herb
Wird mit Hopfen hergestellt
239.
Ist eine öffentliche Einrichtung
Zeigt eine Sammlung von Kulturgütern
Ausstellungen finden dort statt
240.
Ist eine Art Abfall-Gefäß
Steht häufig in Gaststätten auf Tischen
Steht aber nur dort, wo geraucht wird

Begriffe 236 bis 240

A								
S			M	U	S	E	U	M
C								
H				Z	A	H	N	
E		J						
N		A						
B		N						
E		U						
C		A						
H		R		B	I	E	R	
E								
R								
	N	U	D	E	L	H	O	L	Z

241.
Hat man in jedem Zimmer
Bringt Licht in jeden Raum
Hängt häufig auch an der Decke
242.
Ist ein Säugetier
Ist ein Raubtier
Hunde stammen davon ab
243.
Ist eine Schar von Tieren
Diese Schar kann fliegen
Viele davon ziehen im Herbst in den Süden
244.
Ist ein Lehrfach in der Schule
Hat mit Zahlen zu tun
Rechnen lernt man in diesem Fach
245.
Ist eine Pflanzenknolle
Gibt es festkochend und weichkochend
Kann man zu Püree verarbeiten

Begriffe 241 bis 245

	V								
	O								M
	G		L	A	M	P	E		A
	E								T
	L		N						H
	S		E						E
	C		S						M
	H		T						A
	W								T
	A								I
	R		W	O	L	F			K
	M								
K	A	R	T	O	F	F	E	L	

105

246.
Ist eine Sportart
Ein Ball wird dabei über ein Netz gespielt
Boris Becker war darin sehr erfolgreich
247.
Ist eine Schulform
Ist allgemeinbildend von der 5. – 9. Klasse
Nach der 9. Klasse erfolgt Schulabschluss
248.
Ist ein Krabbeltier
Viele fürchten sich davor
Die meisten Arten errichten ein Fangnetz
249.
Das hat man nicht gern
Ist eine Erkältungserscheinung
Die Nase läuft und ist gerötet
250.
Ist ein Möbelstück
Hat man häufig im Eingangsbereich
Dort bewahrt man Schuhe drin auf

Begriffe 246 bis 250

	S							H
	C		T					A
	H		E					U
	U		N		S			P
	H		N		P			T
	S		I		I			S
	C		S		N			C
	H				N			H
	R				E			U
	A							L
	N		M	I	N	Z	E	E
	K							
S	C	H	N	U	P	F	E	N

251.
Gibt es in vielen Größen
Gibt es mit Propeller- oder Düsenantrieb
Damit fliegt man z.B. in Urlaub
252.
Ist ein Brettspiel für zwei Personen
Jeder Spieler hat 16 Spielfiguren
Die Spielfiguren sind z.B. König, Dame …
253.
Ist ein Ladenlokal
Ist oft nur im Sommer geöffnet
Dort isst man meistens etwas sehr Kaltes
254.
Ist ein Gebäude
Ist ein Haus in dem man wohnt
Davon stehen mehrere nebeneinander
255.
Ist ein Möbelstück
Ist meist ein Gestell ohne Türen
Dort stellt man Literatur hinein

Begriffe 251 bis 255

R	E	I	H	E	N	H	A	U	S
B				B				S	
Ü		F		L				C	
C		L		Ü		E		H	
H		U		T		I		A	
E		G		E		S		C	
R		Z		N		D		H	
R		E		D		I		S	
E		U		U		E		P	
G		G		F		L		I	
A				T		E		E	
L								L	

256.
Ist ein Fest der Christen
Findet zur Feier der Auferstehung Jesu statt
Hat auch etwas mit Hasen und Eiern zu tun
257.
Ist eine Art von Vergnügungsfahrgeschäft
Steht häufig auf Volksfesten
Ragt über alle anderen Karussells hinweg
258.
Ist eine wilde Blume
Wächst auf fast jeder Wiese
Blüht gelb und bildet Pusteblumen
259.
Ist eine Wohneinrichtung
Dort leben und wohnen ältere Menschen
Dort wird man von Personal versorgt
260.
Wird häufig am Nachmittag gegessen
Dazu trinkt man gerne Kaffee
Wird mit Mehl, Butter und Zucker gebacken

Begriffe 256 bis 260

R	I	E	S	E	N	R	A	D	
L									S
Ö		K	U	C	H	E	N		E
W									N
E									I
N		B	I	B	E	L			O
Z									R
A									E
H									N
N									H
									E
	O	S	T	E	R	N			I
									M

261.
Ist ein christliches Fest
Findet zur Feier der Geburt Jesu statt
Auch als Fest der Nächstenliebe bekannt
262.
Hat vier Räder
Wird von einer Person geschoben
Babys + Kleinkinder werden darin gefahren
263.
Das hat man in jeder Wohnung
Wird besonders im Winter gebraucht
Damit wird es im Zimmer warm
264.
Ist ein weiblicher Vogel
Gackert
Legt jeden Tag ein Ei
265.
Dort muss man ab und zu mit dem Auto hin
Dort füllt man das Auto mit Benzin auf
Dort gibt es nicht nur Benzin zu kaufen

Begriffe 261 bis 265

K									
I									W
N		H	U	H	N				E
D									I
E			B						H
R			L				H		N
W			I				E		A
A			N				I		C
G			K				Z		H
E			E				U		T
N			R				N		E
							G		N
T	A	N	K	S	T	E	L	L	E

266.
Ist eine Bildungsstätte
Dort werden die Erstklässler unterrichtet
Dort gibt es die Klassen 1 bis 4
267.
Ist eine Sitzgelegenheit
Ist in der Regel recht bequem
Ist häufig weich gepolstert
268.
Ist ein sehr beliebter Sport
Insbesondere Männer begeistern sich dafür
Eine Mannschaft besteht aus 11 Spielern
269.
Ist ein Möbelstück
Ist eine Art Zubehör von einer Garderobe
Dort stellt man Regenschirme hinein
270.
Ist ein zweirädriges Fahrzeug
Hat normalerweise keinen Motor
Das fährt man gerne in der Freizeit

Begriffe 266 bis 270

F	A	H	R	R	A	D		S	
								C	
G				J				H	
R				A		F		I	
U				H		U		R	
N		S		R		S		M	
D		E		E		S		S	
S		S		S		B		T	
C		S		Z		A		Ä	
H		E		E		L		N	
U		L		I		L		D	
L				T				E	
E								R	

271.
Ist ein traditionelles Glücksspiel
Wird vor allem in Spielbanken angeboten
Man setzt Geld auf Zahlen von 0 bis 36
272.
Ist ein beliebtes Erfrischungsgetränk
Ist dunkelbraun bis fast schwarz
Enthält Koffein und sprudelt
273.
Ist das bekannteste italienische Essen
Der Boden ist rund und flach
Das wird mit Gemüse, Käse usw. belegt
274.
Ist ein Möbelstück
Hat eine Matratze
Dort schläft man drin
275.
Sieht man nachts am Himmel
Ist größer als die Sterne
Ist manchmal nur halb zu sehen

Begriffe 271 bis 275

W	O	L	L	E		C			
						O			
						L			
						A			
M	O	N	D					P	
								I	
								Z	
								Z	
								A	
	B	E	T	T					
	R	O	U	L	E	T	T	E	

276.
Ist eine Pseudowissenschaft
Ist ein Bereich der Zukunftsdeutung
Hat mit Deutungen der Sterne zu tun
277.
Ist ein hochwachsendes Gehölz
Die meisten verlieren im Herbst ihre Blätter
Ist kein Nadelgehölz
278.
Ist ein Herdentier
Gehört zur Familie der Pferde
Ist schwarz-weiß-gestreift
279.
Gehört zu den Lauchgewächsen
Wird als Gewürz- und Heilpflanze genutzt
Ist Zutat in Tsatsiki
280.
Dient zur Orientierung
Manche trägt man am Handgelenk
Damit misst man die Zeit

Begriffe 276 bis 280

K									
N								A	
O			U	H	R			S	
B								T	
L			L					R	
A			O					O	
U			C					L	
C			H					O	
H								G	
								I	
	Z	E	B	R	A			E	
L	A	U	B	B	A	U	M		

281.
Ist ein Säugetier
Kann lange ohne Wasser auskommen
Hat zwei Höcker auf dem Rücken
282.
Ist ein Teil des Tafelbestecks
Ist meistens aus silbrigem Metall
Legt man neben eine Tasse
283.
Das zieht man überwiegend im Winter an
Ist meist aus Leder oder Stoff
Schützt Hände vor Kälte
284.
Ist eine Himmelsrichtung
Dort gibt es Sonne und Wärme
Ist dem Norden entgegengesetzt
285.
Ist eine Bildungsstätte
Viele Bildungsgänge unter einem Dach
Ist Haupt-, Realschule und Gymnasium

Begriffe 281 bis 285

		K	A	M	E	L			H
G									A
E		T			D				N
S		E			A				D
A		E			C				S
M		L			H				C
T		Ö			R				H
S		F			I				U
C		F			N				H
H		E			N				
U		L			E				
L									
E				S	Ü	D	E	N	

286.
Dient einer Vergnügungsfahrt
Gibt es auf Volksfesten
Dreht sich im Kreis
287.
Hat etwas mit Schule zu tun
In dieser Zeit muss man nicht zur Schule
Ist eine freie Zeit für Kinder im Sommer
288.
Ist ein Weide- und Nutztier
Die Jungtiere nennt man Lämmchen
Dient zur Gewinnung von Wolle
289.
Ist ein Getränk
Trinkt man aus Schnapsgläschen
Ist aus Eigelb, Zucker, Milch und Alkohol
290.
Ist ein Fahrzeug
Bewegt sich außerhalb der Erdatmosphäre
Kann z.B. auf dem Mond landen

Begriffe 286 bis 290

R					S			
A			E		A		S	
U		K	I		H		O	
M		A	E		N		M	
S		R	R		E		M	
C		U	L		T		E	
H		S	I		O		R	
I		S	K		R		F	
F		E	Ö		T		E	
F		L	R		E		R	
		L					I	
							E	
S	C	H	A	F			N	

291.
Ist etwas Kleines aus Papier
Kann man bei der Post kaufen
Klebt man z.B. auf eine Postkarte
292.
Ist Schmuck
Meistens hat man zwei davon
Werden an den Ohrläppchen getragen
293.
Ist eine französische Art von Brot
Ist aus weißem Mehl gebacken
Hat eine längliche Form
294.
Darauf kann man liegen
Darauf kann man auf dem Wasser treiben
Man muss es zuvor aufblasen
295.
Ist ein kleines, herumkrabbelndes Insekt
Lebt in einer großen Kolonie
Oberhaupt des Staates ist die Königin

Begriffe 291 bis 295

									L
B	A	G	U	E	T	T	E		U
									F
	A	M	E	I	S	E			T
									M
									A
	W	Ü	R	F	E	L			T
									R
									A
									T
	O	H	R	R	I	N	G		Z
									E
B	R	I	E	F	M	A	R	K	E

296.
Ist aus Papier
Gibt es als Rolle zu kaufen
Dient zum Wegwischen von Verschüttetem
297.
Ist ein Wochentag
Ist eigentlich ein Tag zum Ausruhen
Ist der Tag vor Montag
298.
Ist aus Wachs
Hat einen Docht
Bereitet eine Wohlfühl-Atmosphäre
299.
Verschönert jeden Tisch
Schützt Tische vor Schmutz und Kratzern
Gibt es mit vielerlei Motiven
300.
Ist ein Kleidungstück
Dient der Bekleidung der Beine
Sind oft aus Jeansstoff gefertigt

Begriffe 296 bis 300

									T
K									I
Ü		K	E	R	Z	E			S
C									C
H							F		H
E							I		D
N		H	O	S	E		N		E
R							G		C
O							E		K
L							R		E
L									
E									
	S	O	N	N	T	A	G		

301.
Ist eine Sitzgelegenheit
Ist häufig aus Holz
Stellt man an einen Tisch
302.
Ist eine Gemüse-Frucht
Ist grün und lang
Wird für Salat in Scheiben geschnitten
303.
Ist ein Körperpflege-Produkt
Ist eine Art flüssige Seife
Damit wäscht man sich die Haare
304.
Ist Teil des Essbestecks
Ist meistens aus silbrigem Metall
Hat meistens vier Zacken
305.
Ist ein Weichtier
Gibt es mit und ohne Gehäuse
Ist recht langsam kriechend

Begriffe 301 bis 305

S			M	E	H	L		
C								
H								
N			S	T	U	H	L	
E								
C		G	U	R	K	E		
K								
E								
			G	A	B	E	L	
	S	H	A	M	P	O	O	

Rätsel-Lösungen

Nr.	umschrieben	nicht umschrieben
1	Erdbeere	
2	Puppe	
3	Schneemann	Karton
4	Pferd	
5	Bibliothek	
6	Mosaik	
7	Fön	
8	Liegestuhl	Reiskorn
9	Zebrastreifen	
10	Aquarium	
11	Tsatsiki	
12	Kaffeefilter	
13	Taxi	Silber
14	Handtuch	
15	Spiegelei	
16	Baby	
17	Schwein	
18	Fledermaus	Regenwurm
19	Sauna	
20	Deutschland	
21	Quitte	
22	Brokkoli	
23	Orange	Holzkohle
24	Bahnhof	
25	Matratze	
26	Adler	
27	Krankenhaus	
28	Waschmaschine	Papier
29	Kastanie	
30	Tierheim	

Nr.	umschrieben	nicht umschrieben
31	Hotel	
32	Suppe	
33	Gurkensalat	Eisen
34	Silvester	
35	Frosch	
36	Schiff	
37	Eiskunstlaufen	
38	Rock	Pudel
39	Chor	
40	Pflaume	
41	Biene	
42	Motorrad	
43	Klappstuhl	Balkon
44	Lagerfeuer	
45	Wohnwagen	
46	Kiosk	
47	Topflappen	
48	Wippe	Marmor
49	Teddy	
50	Hase	
51	Spinat	
52	Gefängnis	
53	Schuhe	Allgäu
54	Ferienhaus	
55	Russland	
56	Disco	
57	Radieschen	
58	Brücke	Helm
59	Orchidee	
60	Badewanne	

Nr.	umschrieben	nicht umschrieben
61	Löwe	
62	Zwiebel	
63	Abzugshaube	Marder
64	Waage	
65	Katze	
66	Tiger	
67	Hubschrauber	
68	Tandem	Rom
69	Gold	
70	Segelflugzeug	
71	Frankreich	
72	Schaukelstuhl	
73	Elefant	Wasserbett
74	Rollstuhl	
75	Clown	
76	Pinguin	
77	Besteck	
78	Mineralwasser	Violett
79	Apfel	
80	Kühlschrank	
81	Unterhose	
82	Kirche	
83	Truhe	Postkarte
84	Kalender	
85	Tee	
86	Hamster	
87	Spiegel	
88	Garderobe	Fink
89	Schrank	
90	Feuerwehrauto	

Nr.	umschrieben	nicht umschrieben
91	Salat	
92	Eichhörnchen	
93	Radio	Schaum
94	Blumenvase	
95	Geld	
96	Auto	
97	Linsen	
98	Zitrone	Lotto
99	Kissen	
100	Wal	
101	Kaufhaus	
102	Tisch	
103	Zwerg	Schlager
104	Stricken	
105	Gießkanne	
106	Schwimmen	
107	Tulpe	
108	Wasserkocher	Kinofilm
109	Erbsen	
110	Rose	
111	Camping	
112	Pfanne	
113	Bär	Pfeffer
114	Melone	
115	Apotheke	
116	Kürbis	
117	Weißwein	
118	Kirsche	Sylt
119	Freibad	
120	Kaffee	

Nr.	umschrieben	nicht umschrieben
121	Taube	
122	Hai	
123	Sonne	Uhrzeit
124	Gästezimmer	
125	Schreibtisch	
126	Fisch	
127	Sauerkraut	
128	Delfin	Hagel
129	Lauch	
130	Bilderrahmen	
131	Nadelbaum	
132	Konditorei	
133	Löffel	Bach
134	Zoo	
135	Strand	
136	Grün	
137	Moor	
138	Tierarzt	Schlauch
139	Heidelbeere	
140	Spülmaschine	
141	Giraffe	
142	Seerose	
143	Friedhof	Maske
144	Schere	
145	Schlitten	
146	Schaukel	
147	Bügelbrett	
148	Papagei	Schraube
149	Berufsschule	
150	Messer	

Nr.	umschrieben	nicht umschrieben
151	Aquarell	
152	Kutsche	
153	Busfahrer	Kappe
154	Kino	
155	Kochtopf	
156	Hund	
157	Tanzen	
158	Hallenbad	Schnalle
159	Sonnenblume	
160	Gaststätte	
161	Schafherde	
162	Fallschirm	
163	Rührei	Hecke
164	Sofa	
165	Polen	
166	Birne	
167	Nähmaschine	
168	Backofen	Kork
169	Eiszapfen	
170	Zucchini	
171	Koffer	
172	Verliebtheit	
173	Kamm	Joker
174	Telefon	
175	Hitparade	
176	Stachelbeere	
177	Glastisch	
178	Segelboot	Murmel
179	Fotoalbum	
180	Schallplatte	

Nr.	umschrieben	nicht umschrieben
181	Brille	
182	Realschule	
183	Bügeleisen	Bleistift
184	Paprika	
185	Besen	
186	Mikrowelle	
187	Antiquitäten	
188	Fernsehzeitung	Sitzbank
189	Weintraube	
190	Kindergarten	
191	Blumenwiese	
192	Imker	
193	Taschenlampe	Mars
194	Hammer	
195	Spanien	
196	Gänseblümchen	
197	Regenbogen	
198	Esel	Tor
199	Rotkehlchen	
200	Feuer	
201	Polizeiauto	
202	Terrasse	
203	Nashorn	Gitter
204	Fahrstuhl	
205	Limonade	
206	Zelt	
207	Klavier	
208	Mülleimer	Strohhut
209	Karotte	
210	Teller	

Nr.	umschrieben	nicht umschrieben
211	Holland	
212	Storch	
213	Fischschwarm	Lenkrad
214	Straßenbahn	
215	Flughafen	
216	Schweiz	
217	Eisbär	
218	Regenschirm	Stein
219	Bus	
220	Parkhaus	
221	Banane	
222	Maus	
223	Affe	Morgentau
224	Krankenwagen	
225	Wecker	
226	Sonnenaufgang	
227	Tomate	
228	Italien	Rute
229	Tasse	
230	Gymnasium	
231	Skifahren	
232	Fruchtsaft	
233	Schildkröte	Hutablage
234	Eule	
235	Rotwein	
236	Nudelholz	
237	Januar	
238	Bier	Zahn
239	Museum	
240	Aschenbecher	

Nr.	umschrieben	nicht umschrieben
241	Lampe	
242	Wolf	
243	Vogelschwarm	Nest
244	Mathematik	
245	Kartoffel	
246	Tennis	
247	Hauptschule	
248	Spinne	Minze
249	Schnupfen	
250	Schuhschrank	
251	Flugzeug	
252	Schachspiel	
253	Eisdiele	Blütenduft
254	Reihenhaus	
255	Bücherregal	
256	Ostern	
257	Riesenrad	
258	Löwenzahn	Bibel
259	Seniorenheim	
260	Kuchen	
261	Weihnachten	
262	Kinderwagen	
263	Heizung	Blinker
264	Huhn	
265	Tankstelle	
266	Grundschule	
267	Sessel	
268	Fußball	Jahreszeit
269	Schirmständer	
270	Fahrrad	

Nr.	umschrieben	nicht umschrieben
271	Roulette	
272	Cola	
273	Pizza	Wolle
274	Bett	
275	Mond	
276	Astrologie	
277	Laubbaum	
278	Zebra	Loch
279	Knoblauch	
280	Uhr	
281	Kamel	
282	Teelöffel	
283	Handschuh	Dachrinne
284	Süden	
285	Gesamtschule	
286	Karussell	
287	Sommerferien	
288	Schaf	Sahnetorte
289	Eierlikör	
290	Raumschiff	
291	Briefmarke	
292	Ohrring	
293	Baguette	Würfel
294	Luftmatratze	
295	Ameise	
296	Küchenrolle	
297	Sonntag	
298	Kerze	Finger
299	Tischdecke	
300	Hose	

Nr.	umschrieben	nicht umschrieben
301	Stuhl	
302	Gurke	
303	Shampoo	Mehl
304	Gabel	
305	Schnecke